# CORRESPONDANCE

ENTRE

## M. LE COLONEL A. GALLOIS,

COMMANDANT DE BRIGADE PENDANT LA GUERRE DE POLOGNE,

ET

## M. LE COLONEL LEBEAU,

COMMANDANT LE 57ᵉ RÉGIMENT DE LIGNE,

A L'OCCASION D'UNE ALLOCUTION DE CE DERNIER CONTRE LES RÉFUGIÉS POLONAIS ET LA POPULATION DE BERGERAC.

# CORRESPONDANCE

ENTRE

## M. LE COLONEL A. GALLOIS,

COMMANDANT DE BRIGADE PENDANT LA GUERRE DE POLOGNE,

ET

## M. LE COLONEL LEBEAU,

COMMANDANT LE 57ᵉ RÉGIMENT DE LIGNE,

A L'OCCASION D'UNE ALLOCUTION DE CE DERNIER CONTRE LES RÉFUGIÉS POLONAIS ET LA POPULATION DE BERGERAC.

---

## I.

### EXTRAIT DU NATIONAL DU 22 MAI 1833.

*L'Echo de Vesone* avait publié les détails de l'expédition ordonnée contre les Polonais du dépôt de Bergerac. Au sujet de ce compte rendu, la lettre suivante à été adresssée à M. le rédacteur de cette feuille par le colonel du 57ᵉ de ligne. Nous prions nos lecteurs de croire que nous n'ajoutons ni ne retranchons rien à cette lettre telle que la publie l'Écho de Vesone.

Périgueux, 16 mai 1833.

« J'arrive, Monsieur, et l'on me force à lire un article de votre journal dans lequel vous parlez du 57ᵉ régiment de ligne et de son chef. Comme c'est toujours animé d'un esprit qui n'est pas d'accord avec la vérité, vous souffrirez que je la rétablisse.

« Nous n'avons pas bivouaqué une seule nuit dans Bergerac, où il n'y a eu à réprimer que quelques *va-nu-pieds*, et des prétentions de la part des Polonais qui verraient bientôt changer en *haine* notre sympathie, s'ils persistaient à se montrer rebelles aux lois. Tout ce que vous m'avez fait dire sur la place de Bergerac est faux ; en voici la *preuve.*

« Soldats du 57ᵉ, ai-je dit, dans tous les lieux où le devoir nous a ap-
« pelés, nous avons respecté et su faire respecter les lois. J'ai été informé
« qu'on préparait un charivari au magistrat qui est ici le représentant du
« roi des Français, du roi que nous chérissons et que nous avons juré de
« *défendre. C'est pour cet effet que je viens de faire charger les armes.* Que les

« bons habitans n'en soient point alarmés; ils n'ont pas de meilleurs protec-
« teurs que nous. Je les prie seulement, après avoir été témoins que nous
« *venons de mettre de la colophane dans nos fusils pour accorder les instrumens*
« *du charivari*, d'aller écouter paisiblement, dans leurs demeures, l'accom-
« *pagnement que nous lui préparons.* Après avoir *fustigé la canaille, les indul-*
« *gences du dieu de la guerre nous attendent.* »

« Comme j'achevais cette oraison, un coup de sifflet est parti de la
bouche *insolente* d'un Polonais; je lui ai *riposté* en entonnant le couplet de
la *Marseillaise :*

> Quoi ! des cohortes étrangères
> Feraient la loi dans nos foyers !

« Voilà, Monsieur, *la vérité rétablie* par ma lettre, que je vous prie d'in-
sérer dans votre journal; j'espère que mon imperturbable persévérance à
ramener dans cette voie tel ou tel rédacteur, obtiendra son effet, avant
d'avoir épuisé la source des bons procédés.

J'ai l'honneur de vous saluer très-humblement.

*Le colonel du* 57e, LEBEAU.

---

## II.

Paris, 25 mai 1833.

### A M. LE COLONEL LEBEAU,

*Commandant le* 57e *régiment de ligne à Périgueux.*

Monsieur le Colonel,

Quand, enlevé de Vienne comme coupable de porter un nom qu'Ancône venait d'y rendre odieux, et d'en avoir appelé trop vivement de
l'inhospitalité de l'Autriche à l'humanité du gouvernement français, je
demandais raison de ses persécutions contre mes malheureux frères
d'armes polonais à un sbire autrichien, caché sous l'uniforme de général,
j'étais loin de m'attendre que dans cette France polonaise, dans les rangs
de sa noble et nationale armée, je devais retrouver un autre Bertholetti.

Comme Français, M. le Colonel, je pourrais peut-être vous demander
compte de vos menaces atroces contre une population dont tout le crime
était de mieux comprendre que les vôtres ne le peuvent faire les droits de
l'hospitalité; mais mes concitoyens sont braves et libres, ils savent et
peuvent se faire raison, et il serait plus que présomptueux de prendre pour
eux fait et cause.

Il est un autre titre à moi tout personnel et qui m'est tout aussi cher :
j'appartiens à la Pologne par mes sympathies, par mon grade, par mes
blessures et surtout par mon dévouement.

Je ne vous rappelle pas que vous avez fait une sotte parodie, et une indigne profanation de notre hymne national ; je vous passe de sembler ignorer que les grandes paroles que vous avez chantées s'adressaient aux soldats de la tyrannie qui venaient nous porter la guerre et l'invasion, et de les appliquer à ceux qui, détournant de nous cette invasion et cette guerre, ont la poitrine criblée des coups que l'on nous destinait ; je vous le passe, car ceci, odieux sans doute, est encore peut-être plus ridicule.

Mais vous vous êtes dégradé jusqu'au point d'injurier des proscrits, mes camarades, impuissans et désarmés. Cette conduite, M. le colonel, est d'autant plus lâche, que vous vous faisiez un rempart d'une loi d'exception, je suis tenté de dire de violence, qui livre les pas, le repos, l'avenir des défenseurs de la Pologne, au caprice d'un ministre et à la discrétion d'un gendarme.

Je sais tout ce que réclame d'indulgence la position souvent impérieuse et pénible à la fois des militaires, mais je sais qu'ils doivent adoucir par les formes et la bienveillance ce que des missions comme celle que vous avez remplie ont de délicat et de répugnant. Vous, au contraire, vous avez voulu faire ressortir ce que la mesure avait d'acerbe, par l'aigreur et l'insulte dans l'exécution.

Ces braves généraux polonais, qui n'ont évité les ordonnances de Nicolas que pour tomber sous le coup d'un ukase législatif, sont trop fiers pour se plaindre quand leur bras ne peut pas appuyer leurs paroles.

Je crois donc, en ma qualité d'officier français et de défenseur de la Pologne dans sa dernière lutte contre les Russes alliés de votre gouvernement, je crois de mon devoir, M. le colonel, de vous représenter l'indignité du langage et des procédés dont vous avez usé à l'égard d'étrangers proscrits que l'hospitalité du gouvernement du 7 août traite en prisonniers de guerre et prive du droit de répondre aux provocations du genre de la vôtre.

Français comme vous et meilleur Français que vous, je puis le dire sans vanité, à en juger par l'ignoble et sauvage lettre que vous avez signée et publiée ; Polonais comme eux, car j'ai combattu avec eux, partagé leur pain et mêlé mon sang au leur, je serais fier et heureux de prendre pour mon compte cette provocation si vous étiez disposé à soutenir vos paroles par vos actes. Si votre réponse me prouve que j'ai affaire à un homme toujours prêt à répondre à quiconque croit avoir à se plaindre de lui, tout se passera entre nous, M. le colonel. S'il en est autrement et si votre silence ou une réponse évasive me prouvent que vous tenez plus *aux indulgences du dieu de la guerre* qu'aux lois observées par les gens de cœur, je donnerai la plus grande publicité à cette lettre.

Agréez, M. le colonel, l'assurance des sentimens que vous m'avez inspirés.

A. GALLOIS,

Colonel commandant de brigade dans
la guerre de Pologne.

## III.

Périgueux, le 28 mai 1833.

### A M. LE COLONEL GALLOIS, A PARIS.

Monsieur le Colonel,

J'ai fait à Bergerac ce que mon devoir et mon cœur m'ont imposé de faire. Je n'en rétracte rien, pas même une parole. Libre à vous, Monsieur, de prendre le parti de la canaille qui nous préparait un charivari. A elle seule j'ai adressé des menaces dont les honnêtes citoyens ont été bien aises ; car elles ont produit le calme quand tout annonçait l'orage.

Je ne m'attacherai à répondre à votre longue lettre, préparée, comme vous m'en avez menacé, à remplir les colonnes d'un journal, que pour vous faire remarquer premièrement qu'une pareille menace ne pourrait avoir de la valeur qu'en la faisant remonter vers sa source.

J'ai prouvé mieux que vous ma sympathie pour les Polonais en combattant côte à côte avec eux contre les Russes, nos ennemis communs ; mon corps sillonné de blessures a vu mon sang se mêler avec le leur pour la même cause. Souvent alors l'expression sortie de ma bouche ( que si je n'étais pas Français je voudrais être Polonais ) a été entendue d'eux, et peut l'être encore, car je ne la rétracterai jamais. S'ensuit-il de cette affection privée, ou partagée par tant de Français, que nous devions leur faire le sacrifice du repos de la France? Non, non ; car aux yeux de tous les bons Français, les Polonais qui conspireraient contre la royauté de juillet et troubleraient la tranquillité de la France, perdraient leur part de cette sympathie. Telle est ma manière de voir et de sentir. Mon pays et son repos avant tout : ces sentimens sont ceux qui m'ont animé dans nos glorieuses batailles, où j'ai figuré depuis Hohenlinden jusqu'à Waterloo. Quarante-deux blessures sur mon corps le prouvent. La dernière me cassa le bras gauche, à la tête du 1er de ligne que je commandais à cette bataille. Depuis, je n'ai repris du service qu'après les événemens de juillet, où j'ai figuré, et contribué à chasser l'imbécile Charles X et sa clique.

Le bras droit me reste, et, avec lui un cœur dont vous n'auriez pas dû douter ; l'un et l'autre vous attendent, Monsieur, comme mon épée pour se croiser avec la vôtre, si votre enjeu est en tout égal au mien.

Agréez à votre tour, Monsieur le Colonel, l'assurance des sentimens que vous m'avez fait naître.

Le colonel du 57e, LEBEAU.

---

## IV.

### A M. LE COLONEL DU 57e RÉGIMENT DE LIGNE.

Monsieur le Colonel,

J'ai reçu communication de la lettre que M. le colonel Gallois a cru devoir vous adresser, et de celle que vous lui avez répondue en date du 28 mai 1833.

M. le colonel Gallois, désirant que je lui serve d'intermédiaire ou de témoin vis-à-vis de vous, Monsieur, suivant ce qui pourra résulter de la correspondance engagée entre vous et lui , c'est en qualité de témoin ou d'ami de M. le colonel Gallois que je prends la liberté de vous adresser la présente lettre.

M. le colonel Gallois aurait cru devoir se rendre immédiatement dans le lieu le plus voisin de la garnison que vous occupez, si la phrase qui termine votre lettre lui eût permis de vous croire déterminé à entrer avec lui en explication l'épée à la main; mais en annonçant à M. le colonel Gallois que votre cœur et votre épée l'attendent, vous ajoutez ces mots : « *Si votre enjeu est en tout égal au mien.* »

Cette restriction demande à être expliquée. Si vous entendez, Monsieur le colonel, par les paroles que je viens de citer, n'avoir de rencontre avec M. Gallois que dans le cas où il pourrait présenter un grade, une réputa-tion militaire et un nombre de blessures et de campagnes égalant les titres que vous-même pouvez présenter, il nous restera à savoir si vous regar-deriez comme digne d'entrer en lice avec vous, Monsieur le colonel , un officier plus jeune d'âge et de service que vous, mais qui a conquis le grade de capitaine sur les champs de batailles de l'Empire , et celui de co-lonel dans la dernière guerre de l'indépendance polonaise contre les Russes. Tels sont les titres de M. le colonel Gallois. Je pourrais ajouter qu'il a le malheur d'avoir été blessé en Russie, comme vous, très-gravement à la main droite, et qu'il ne lui reste guère qu'un bras aussi pour soutenir son honneur et ses sentimens politiques. Je dirai enfin que si M. le capi-taine de vaisseau Gallois, récemment illustré par sa prise de possession d'Ancône, n'était pas aujourd'hui commandant de la station d'Alger, son frère, M. le colonel Gallois, n'aurait pas d'autre second que lui contre qui que ce soit.

Je ne doute pas, Monsieur le Colonel, que sur ces éclaircissemens vous ne vous empressiez de reconnaître dans M. Gallois un adversaire digne de vous et dont l'enjeu, s'il n'est pas tout-à-fait égal au vôtre, est au moins fort acceptable, car c'est l'enjeu d'un homme d'honneur et d'un officier français.

Mais, Monsieur le Colonel, je dois me demander maintenant en votre présence quel est le différend à vider entre M. le colonel Gallois et vous. Homme d'honneur, il ne me serait pas permis d'accepter un rôle dans une affaire où deux soldats de la vieille armée se trouveront aux prises sans se connaître et sans bien savoir quel est le grief, quelle est l'injure qui les a armés l'un contre l'autre.

Il est impossible, Monsieur le Colonel, en lisant votre lettre à M. Gallois, de ne pas être persuadé que vous êtes un de ces vieux et braves militaires dévoués à leur pays, à l'accomplissement de leurs devoirs avant toute chose. Les particularités que cette lettre nous apprend sur vos services nous forcent à envisager très-douloureusement la possibilité d'une ren-contre entre deux hommes qui, en différens temps, ont mêlé leur sang à celui de la valeureuse et à jamais admirable nation polonaise. Il se trouve, à lire votre réponse à M. le colonel Gallois, que lui, frère d'armes des Polonais en 1812 et dans la dernière guerre d'indépendance, a été forcé de soupçonner en vous un ennemi de la cause qu'il a si généreusement soutenue, tandis que vos sentimens, au contraire, en tout ce qui concerne les droits et les malheurs de la brave nation polonaise, seraient absolument conformes aux siens, et que ces sentimens, vous les auriez scellés de votre sang.

Avouez, Monsieur le colonel, que M. Gallois peut avoir eu une autre idée de vos sentimens et de vos services passés d'après la lettre, j'oserai dire étrange, qui a paru dans un journal de Périgueux sous votre nom. Il ne m'appartient pas de dire ce que j'ai pu, pour mon compte, penser de l'auteur de cette lettre avant de le connaître par la réponse que vous avez adressée à M. le colonel Gallois; mais je crois pouvoir dire que toute personne de bonne foi, sous les yeux de laquelle on mettrait ces deux lettres, aurait peine à reconnaître dans la première le brave et honorable officier qui a écrit la seconde. Cette impression est aujourd'hui certainement celle de M. le colonel Gallois, et, pour parler clairement et brièvement, il n'avait pas cru s'adresser à un soldat de Hohenlinden, et à un ancien frère d'armes de Poniatowski.

Cependant M. Gallois, ayant cru devoir caractériser, comme il l'a fait dans sa lettre du 25 mai, la conduite et le langage public que vous avez tenus à l'égard des Polonais du dépôt de Bergerac, et n'étant point disposé à rétracter ses expressions, sent à merveille qu'il doit se tenir à votre disposition et être prêt à vous donner telle satisfaction qui vous plaira pour tout ce qui vous aura affecté dans l'énergique manifestation d'un blâme très-peu mesuré. M. le colonel Gallois sera donc à votre premier appel, Monsieur le Colonel, prêt à se rendre dans le lieu le plus voisin de la garnison que vous occupez. Entre deux hommes d'honneur, deux hommes éprouvés et sûrs de leur courage, demain comme dans huit jours, on ne peut pas se plaindre de quelque délai. Aussi, M. le colonel Gallois ne se plaint point de l'ambiguité de la dernière phrase de votre lettre, parce qu'il est fort naturel que vous ayez voulu savoir à qui vous pouviez avoir affaire. M. Gallois se serait mis immédiatement en route si vous lui eussiez appris, Monsieur le Colonel, qu'offensé de sa lettre, vous vouliez en avoir la plus prompte et la plus éclatante réparation. Il a été obligé de faire intervenir un tiers pour avoir l'explication de la dernière phrase de votre lettre, phrase conditionnelle sans laquelle explication il ne pouvait pas se croire appelé à vous offrir une satisfaction armée qu'il est désormais, et, je le répète, à votre première et claire invitation, préparé à vous porter en vous épargnant la plus grande partie du chemin.

Je pense, Monsieur le Colonel, que M. Gallois doit rester désormais en dehors de cette correspondance, et ne plus paraître que pour se présenter au combat, suivant ce que vous pourrez désirer de lui. Peut-être serait-il bien aussi, Monsieur le Colonel, qu'une personne investie de votre confiance se chargeât de me répondre en votre nom. L'auteur de cette lettre n'est point inconnu dans le corps d'officiers dont vous êtes l'honorable chef.

MM. Castillon, Lalanne, Zuffy, anciens officiers du 29ᵉ de ligne, peuvent, Monsieur le Colonel, vous fournir toute espèce de renseignemens sur le caractère et les sentimens de celui qui a l'honneur de se dire avec une haute estime, Monsieur le Colonel, votre très-humble et très - obéissant serviteur.

A. CARREL,<br>
Ex-officier au 29ᵉ de ligne ( rédacteur<br>
en chef du National).

---

## V.

Périgueux, le 7 juin.

**A M. A. CARREL,**
*Ex-officier au 29ᵉ de ligne, à Paris.*

Monsieur,

Les éclaircissemens que vous avez bien voulu me donner touchant M. Gallois, qu'il m'importait de connaitre, me suffisent pour reconnaitre en lui un adversaire digne de moi, et me donnent droit d'espérer que j'obtiendrai, soit les armes à la main, soit par les véritables moyens parlementaires que les ames élevées doivent savoir invoquer, une réparation analogue à l'outrage qu'il m'a fait par sa lettre.

J'ai l'honneur, etc.

LEBEAU.

---

## VI.

Périgueux, 7 juin 1835.

**A M. LE COLONEL GALLOIS, A PARIS.**

Monsieur le Colonel,

La lettre que M. A. Carrel, ex-officier au 29ᵉ, m'a adressée, satisfait seulement à la dernière ligne de celle que j'ai eu l'honneur de vous écrire et à laquelle je vous renvoie, car je la maintiens dans toute sa teneur.

J'ai l'honneur, etc.

LEBEAU.

---

## VII.

Paris, 11 juin 1833.

**A M. LE COLONEL LEBEAU, A PÉRIGUEUX.**

Monsieur le Colonel,

J'ai communiqué à M. le colonel Gallois la lettre que vous m'avez fait l'honneur de me répondre. J'ai le regret d'avoir à vous annoncer que

M. Gallois ne croit pouvoir modifier ni expliquer en rien les termes de la lettre qu'il vous a adressée, et qu'il est réduit à vous offrir une satisfaction les armes à la main, telle que vous la réclamez de lui.

En conséquence, M. le colonel Gallois attend que vous lui assigniez le lieu et l'époque où il pourra vous convenir de le rencontrer.

Je dois vous faire observer, monsieur le Colonel, pour des motifs qu'apprécieront facilement votre loyauté et votre prudence, qu'il serait nécessaire que l'engagement n'eût pas lieu à Périgueux, où le régiment que vous commandez est en garnison, et où M. le colonel Gallois trouverait pour ses opinions de nombreuses et ardentes sympathies.

M. Gallois espère donc que vous voudrez bien choisir un lieu suffisamment distant, tel que Limoges, Bordeaux, etc., où chacun pourrait se rendre de son côté.

Nous avons pensé, M. le Colonel, qu'il importait de garder sur cette affaire le secret le plus profond. C'est le moyen d'éviter toute intervention étrangère, et tout empêchement d'arriver à un dénouement qui puisse satisfaire des hommes tels que vous et M. le colonel Gallois.

Recevez, etc.

A. CARREL.

---

## VIII.

Périgueux, le 14 juin 1833.

### A M. A. CARREL, A PARIS.

Monsieur,

Depuis la lettre *provocative* de M. Gallois, et à laquelle j'ai répondu selon les formes, je m'attendais à recevoir une réponse de sa main. Ne l'ayant pas reçue, à mon très-grand étonnement, je ne puis, en l'attendant, regarder comme satisfaisantes celles qui me viennent ou qui me viendraient de toute autre part que de la sienne.

Dans cet état de choses, je resterai pour M. Gallois ce que j'étais pour lui avant sa sortie à mon égard, et ce que j'ai montré que j'étais dans ma réponse à sa lettre.

J'ai l'honneur d'être, etc.

LEBEAU.

---

## IX.

Paris, 17 juin.

### A M. LE COLONEL LEBEAU, A PÉRIGUEUX.

Monsieur le Colonel,

L'intervention d'un tiers dans ma correspondance avec vous a été nécessitée par vos questions sur la valeur de l'enjeu que je puis opposer au vôtre. Un autre a répondu où il n'était pas convenable que je répondisse moi-même.

A la lettre qui vous a été écrite par M. Carrel pour répondre à vos questions, vous avez riposté par un billet à moi adressé que j'ai sous les yeux, et dans lequel vous me sommez de vous rendre raison les armes à la main des expressions offensantes contenues dans ma première lettre, ou de vous satisfaire par ce que vous appelez *des moyens parlementaires*.

M. Carrel a répondu en mon nom, ce que je m'empresse de vous déclarer ici de nouveau, savoir : que je n'ai point de satisfaction parlementaire à vous offrir, et que j'attends avec la plus vive impatience que vous me désigniez l'époque et le lieu où je pourrai vous rencontrer l'épée à la main, et me mettre à vos ordres.

J'espère, M. le Colonel, que vous voudrez bien répondre de la manière la plus catégorique à cette dernière déclaration, et je m'étonne que vous ayiez pu douter de ma disposition sur la lettre qui vous a été écrite par M. Carrel.

Je suis, M. le Colonel ,

Votre très-humble serviteur.<br>A. GALLOIS.

---

## X.

A M. LE COLONEL GALLOIS.

Périgueux , le 20 juin 1833.

Monsieur le Colonel,

Il faut que vous n'ayez pas voulu vous pénétrer de l'esprit de mes lettres, pour vous croire autorisé à me dire d'être catégorique. Vous voudrez bien, conséquemment, revoir mon premier numéro auquel je vous renvoie, moins pour votre satisfaction que pour la mienne.

Je vous ferai remarquer également qu'aucune sommation ne peut être faite de la part de celui qui attend quiconque s'est annoncé si catégoriquement.

J'ai l'honneur d'être, etc.

LEBEAU.

---

## XI.

A M. LE COLONEL LEBEAU , A PÉRIGUEUX.

Paris, 27 juin 1833.

Monsieur le Colonel,

Votre ordre du jour au 57e régiment de ligne, lors des évènemens de Bergerac, avait soulevé l'indignation de tous les gens de cœur.

Ma position particulière vis-à-vis des débris d'un peuple héroïque, que, dans cette occasion, vous avez insulté, m'a commandé de vous adresse une première lettre dans laquelle j'ai dû exprimer tout le mépris et le dégoût que m'inspirait votre conduite.

Après l'échange de quelques lettres, vous avez écrit, le 7 courant, à M. Carrel, l'un de mes témoins, que « *vous aviez l'espoir d'obtenir de moi, soit les armes à la main, soit par les véritables moyens parlementaires que les ames élevées doivent savoir invoquer, une réparation analogue à l'outrage que je vous avais fait par ma lettre.* »

Je me suis empressé de vous faire répondre par M. Carrel, et de vous écrire moi-même, que je serais heureux de vous donner, les armes à la main, la satisfaction demandée, et je vous priais de me désigner pour la rencontre, près de Périgueux, votre garnison, une ville où les sympathies que nous pourrions respectivement faire naître n'amenassent aucune collision; en un mot, je vous offrais de faire plus de cent lieues pour vous joindre, et j'avais lieu d'espérer que le désir d'obtenir la réparation que vous disiez attendre vous porterait bien à parcourir deux ou trois postes.

A cette offre formelle, positive, vous ne répondez plus, M. le Colonel, que par des notes vagues et évasives, ou des énigmes que j'ai du reste assez bien comprises pour me croire autorisé à vous regarder comme beaucoup moins sauvage dans les discussions particulières contre l'adversaire qui s'offre à vous, qu'à la tête de votre régiment contre une population inoffensive et des proscrits désarmés.

C'est la dernière lettre que vous recevrez de moi, Monsieur le Colonel; je suis las d'une si longue correspondance, que je crois cependant, malgré son étendue, devoir faire imprimer à un certain nombre d'exemplaires, pour mettre des hommes, à l'estime desquels je tiens, à même de prononcer entre vous et moi.

Je désire encore, mais sans l'espérer, que votre courage, par un dernier effort, vienne à se dégager des nuages qui l'ont enveloppé dans cette circonstance. Une telle démarche, quoique bien tardive, pourrait seule modifier en quelque chose les sentimens que vous m'inspirez.

A. GALLOIS.

Imprimerie de H. Fournier, rue de Seine, n. 14.